# Die Besserung
der
# wirthschaftlichen Lage des Handwerks
durch Rohstoffgenossenschaften.

Von

Dr. jur. Hans Crüger,
I. Sekretär des Allgemeinen Deutschen Genossenschaftsverbandes.

---

Sonderabdruck aus den Blättern für Genossenschaftswesen. 1894.

---

Berlin.
J. Guttentag, Verlagsbuchhandlung.
Wilhelmstraße 119/120.

# I.

Auf dem Allgemeinen Genossenschaftstage zu München (1894) wurde unter allgemeiner lebhafter Zustimmung der Vertreter aller Genossenschaftsarten beschlossen:

Den Genossenschaften des Allgemeinen Verbandes und den Mitgliedern wird empfohlen:

> Die Errichtung von industriellen Rohstoff-, Magazin-, Werk- und Produktiv-Genossenschaften überall, wo ein Bedürfniß und die geeigneten Kräfte dazu vorhanden sind, nach Kräften zu fördern und zu unterstützen.

Sind die Genossenschaften und deren Mitglieder dieser Empfehlung nachgekommen? Hat sich in zahlreichen Städten und Gewerben ein Bedürfniß nach diesen Genossenschaften herausgestellt? Sind die geeigneten Kräfte vorhanden gewesen?

Man muß von der Vortrefflichkeit der Sache, die man verficht, tief durchdrungen sein, wenn man immer wieder von Neuem versucht, für dieselbe Freunde zu gewinnen, trotzdem man überall nur Widerstand und was noch schlimmer ist, Gleichgiltigkeit begegnet.

Die praktischen Erfolge des Münchener Beschlusses erscheinen nicht gerade ermuthigend. Doch dies darf den nicht entmuthigen, der der festen Ueberzeugung ist, daß es für den weitaus größten Theil der deutschen Handwerker eine Lebens- und Existenzfrage ist, Rohstoffgenossenschaften zu bilden, — der an die wirthschaftlichen Lehren des Altmeisters Schulze-Delitzsch glaubt, — der davon durchdrungen ist, daß es hieße, auf halbem Wege stehen bleiben und dem Genossenschaftswesen ein trauriges Armuthszeugniß ausstellen, wenn man die wirthschaftliche Bedeutung desselben für den Handwerkerstand mit den Kreditgenossenschaften für erschöpft betrachtet.

Die Leitung des Allgemeinen Verbandes ist nach Kräften bemüht gewesen, die Handwerker über Wesen und Bedeutung der Rohstoffvereine aufzuklären, leider hat dieselbe bei den Handwerkern selbst wenig Verständniß, bei den Genossenschaften und der Presse nur ganz geringe Unterstützung gefunden.

Die Erörterung über die wirthschaftliche Bedeutung der Rohstoffgenossenschaften hat inzwischen wiederholt auf den Verbandstagen der Kreditgenossenschaften gestanden. Nicht selten wurde aus der Versammlung heraus dagegen Widerspruch laut, man wendete ein, dies interessire nicht die Kreditgenossenschaften. Und doch gehörten die Besucher der Verbandstage zum großen Theil dem Handwerkerstande an oder es waren Männer, die Einfluß auf denselben haben, die sonst wohl gewohnt sind in „Handwerkerfragen" mitzusprechen. Man war hier offenbar in das Wesen der Genossenschaft nicht genügend eingedrungen, man kennt Schulze-Delitzsch nur als den Gründer der Kreditgenossenschaften, man weiß nicht, daß Schulze-Delitzsch die Genossenschaften als die Innungen der Zukunft bezeichnet, daß die „Blätter für Genossenschaftswesen" einst „Innung der Zukunft" hießen, man dachte nicht daran, daß die Aufgabe einer Kreditgenossenschaft sich nicht mit dem geschäftlichen Theil erschöpft, daß sie auch sozialer Natur ist — man ließ unberücksichtigt, daß mit der Sicherung des Kredits allein sich ein wirthschaftlicher Wohlstand der Handwerker nicht begründen läßt, daß die Grundsätze des genossenschaftlichen Geschäftsbetriebes auch auf andere Geschäftszweige ausgedehnt werden können und müssen, daß die Kreditgenossenschaft selbst um so kräftiger sich entwickeln kann, je leistungsfähiger ihr Mitgliederkreis ist. — Die Annahme, daß die Kreditgenossenschaft an der Gründung von Rohstoffgenossenschaften nicht interessirt sei, ist durchaus verfehlt; weiter unten wird darzustellen sein, daß es sogar vielleicht als die wichtigste sozialpolitische Aufgabe der Kreditgenossenschaften zu betrachten ist, der Rohstoffgenossenschaft den Boden zu ebnen, indem sie die Handwerker wirthschaftlich selbständig stellt, sie befreit von der Abhängigkeit, aus einer Zwangslage, in der sie sich zum großen Theil beim Einkaufe der Rohstoffe und Halbfabrikate heute befinden.

Schwer ist es, neuen Gedanken Freunde zu gewinnen, doch schwerer noch ist es, Ideen wieder Eingang zu verschaffen, die einst mit Begeisterung aufgenommen, dann vor dem oberflächlichen Beobachter in der Praxis nicht das gehalten, was sie in der Theorie versprachen. Nur zu leicht werden Ursache und Wirkung verwechselt, wird in der öffentlichen Meinung auf die „Imponderabilien“, auf das „Drum und Dran“ ein zu geringes Gewicht gelegt. — Trugschlüsse führen die öffentliche Meinung irre.

Der genossenschaftliche Gedanke ist in der deutschen Volksseele eingegraben. Die deutsche Einheit war stets das Ideal fast eines jeden Dentschen — und doch hat es erst der ernstesten Gefahren bedurft, um das Ideal zu verwirklichen. Es ist stets bedenklich, zwischen politischen und wirthschaftlichen Verhältnissen Vergleiche zu ziehen, sie liegen aber gerade hier bei unserer Erörterung so außerordentlich nahe. Aeußere und innere Feinde, falsche Freunde lassen es bei dem deutschen Handwerkerstande, dessen Ideal die Vereinigung ist, nicht zu dieser kommen. Die Zeiten sind vielleicht noch nicht ernst genug, um dieselbe verwirklichen zu lassen. Aber es giebt auch hier einen Zeitpunkt für die Erreichung des Ziels, der, wenn er einmal verpaßt ist, nicht wiederkehrt. Ist die ganze Spann- und Thatkraft einer Klasse eingebüßt, dann ist diese rettungslos verloren. Ebensowenig wie ein Staat läßt sich ein bestimmter Berufsstand durch Mittel erhalten, die von Außen kommen, er muß die Kraft in sich besitzen, um sich selbst zu erhalten. Die Vereinigung aller Einzelkräfte zu einer Gesammtkraft, das ist die einfache sittliche nnd wirthschaftliche Lehre der Genossenschaft.

Die ersten Schöpfungen Schulze's fielen in ernste, schwere Zeiten, aber in Zeiten, in denen sich überall das Selbstbewußtsein, das Vertrauen zur eigenen Kraft zu regen begann. Das allgemeine Denken, wenn man so sagen darf, war den auf Selbsthilfe beruhenden Bestrebungen günstig. Wer wollte es leugnen, daß seit etwa 16 Jahren die gesammten Verhältnisse der Entwickelung der freien Genossenschaften sehr ungünstig sind! Wer den Staat um Hilfe anruft, wer durch äußerliche künstliche Maßnahmen des Staates eine Hebung seines Wohlstandes erwartet, der ist als Genossenschafter kaum noch zu gebrauchen. Doch trügen nicht alle Zeichen, so beginnen wieder Zeiten, die der Ausbreitung der Genossenschaften günstig sind.

Gefährlicher freilich als alle äußeren Feinde ist der innere Feind. Und ein solch innerer Feind wüthet jetzt unter den Genossenschaften, verwirrt ihre Ansicht, lockert ihre Reihen, hindert das einmüthige Eintreten für Ideen, die man einst begeistert vertreten hat. Dieser innere Feind ist aus dem Kampfe einiger Konkurrenten der Konsumvereine hervorgegangen, die es mit Geschick und Ausdauer verstanden haben, die Genossenschaften zu trennen — zu feindlichen Brüdern zu machen. Und Brüder sind die Genossenschaften, die das gleiche Ziel mit den gleichen Mitteln, auf den gleichen Wegen nach den gleichen Grundsätzen verfolgen.

Seitens einzelner Konkurrenten der Konsumvereine scheut man sich nicht, diese als gemeingefährliche Unternehmungen zu bezeichnen, man trägt sich ernstlich mit dem Gedanken, deren gänzliches Verbot zu erstreben. Reichstagsabgeordnete fanden sich bereit, ein solches Vorgehen zu unterstützen und die Presse schweigt dazu. Keiner von den Männern, die auf diesen Standpunkt stehen, wagt es freilich auf die wohl tausend Mal öffentlich gestellten Fragen zu antworten: sind auch die Rohstoffvereine der Handwerker und Landwirthe gemeingefährlich? Man erkennt bei den Gegnern der Konsumvereine vielleicht, daß man sich in einer Sackgasse befindet. Der Rohstoffverein erstrebt für die Handwerker und Landwirthe das Gleiche was der Konsumverein für den Familienvater bezweckt: Erzielung von Ersparnissen beim Einkauf der Waaren. Hier wie dort werden Konkurrenten angeblich geschädigt. Macht der Konsumverein den Händlern mit Kolonial- und ähnlichen Waaren Konkurrenz, so bereitet der Rohstoffverein solche den Händlern der entsprechenden Branche.

Die Logik gebietet vom Standpunkte der Konkurrenz aus den Rohstoffverein unter dem gleichen Gesichtspunkte zu beurtheilen, wie den Konsumverein. Davor schreckt man zurück, man wagt es nicht, eine Einrichtung als gemeingefährlich zu bezeichnen, deren große Bedeutung für den Handwerkerstand man nicht bestreiten kann, und dies um so weniger, als jene Kreise der Händler, die gegen die Konsumvereine zu Felde ziehen, ihrerseits selbst Rohstoffgenossenschaften, d. h. Genossenschaften zum gemeinschaftlichen Einkauf bilden, und mit Befriedigung auf deren Resultate hinweisen. Aber man wagt es ebensowenig zu antworten: die Rohstoffvereine seien anders zu beurtheilen, als die Konsumvereine, denn damit würde man alle diejenigen

Händler sich zu Gegnern machen, welche die Konkurrenz dieser Genossenschaften fürchten und für sich das gleiche Recht fordern, welches die Spezeristen für sich in Anspruch nehmen, man würde Einrichtungen als gemeingefährlich bezeichnen, die man für die eigenen Zwecke selbst benutzt. Mögen die Spezeristen dieses Versteckspielen endlich aufgeben und offen Farbe bekennen, dann werden die Handwerker sehen, auf welcher Seite ihre Freunde stehen.

Diese kurze Abweichung war nothwendig, um von vornherein diesen Punkt klarzustellen, zumal im Geheimen gegen die Rohstoffvereine in der gleichen Weise agitirt wird, wie gegen die Konsumvereine und sogar mit sehr gefährlichen Waffen, denn es ist eine notorische Thatsache, daß die große Mehrheit der Handwerker eine nur scheinbare Selbständigkeit besitzt, da sie in Wirklichkeit durch gewährte Kredite sich machtlos in den Händen gewisser wuchernder Lieferanten befinden — und derartige Lieferanten benutzen die Macht, um jede selbständige Regung der Handwerker zu verhindern; nicht um die ehrliche arbeitsfreudige Kaufmannschaft handelt es sich dabei, sondern um die dunklen Existenzen, die aus der Noth Anderer Vortheil ziehen, die dem Stande zur Unehre gereichen und der ehrlichen loyalen Konkurrenz den schwersten Nachtheil zufügen. Nicht gegen den Kaufmannsstand, gegen den Handelsstand wenden wir uns, sondern gegen die Wucher treibenden Händler; der Wucherer mit Waaren ist nicht weniger gefährlich als der Wucherer mit Geld. Gegen letzteren ist die Kreditgenossenschaft gerichtet, gegen ersteren die Rohstoffgenossenschaft. Dies wollen wir ausdrücklich hier hervorheben, um jedem Mißverständniß vorzubeugen. Wie die Kreditgenossenschaften auch auf diesem verwandten Gebiete eine Aufgabe von der größten Bedeutung zu erfüllen haben, das werden wir später näher zu betrachten Gelegenheit haben.

Uns lag es zunächst nur daran, in Kürze die Gegner zu kennzeichnen, die uns überall entgegentreten, wo wir für die Ausbreitung des Genossenschaftswesens wirken wollen. Auf Einzelheiten einzugehen, auf die Gleichgiltigkeit des Handwerkerstandes, auf verkehrte Anschauungen desselben über Schwierigkeiten bei Gründung und Leitung einer Rohstoffgenossenschaft u. s. w., wird sich weiter Gelegenheit bieten. Nur das mag noch vorausgeschickt werden: es sind äußere Hindernisse, die uns entgegenstehen und solche sind stets zu überwinden. Dazu aber bedarf es wieder und immer wieder der Belehrung und Aufklärung. Diesem Zwecke sollen diese Zeilen dienen.

## II.

Noch niemals soll die wirthschaftliche Lage des Handwerks eine so schlechte gewesen sein, wie in der heutigen Zeit, der Handwerker soll den „goldenen Boden“ verloren haben, fast mit Rührung spricht man von der „guten alten Zeit“. Aber hat es je eine Zeit gegeben, in der nicht die gleichen Klagen laut wurden? Seb. Brant konnte im Jahre 1500 schreiben:

„Kein Handwerk steht mehr in seinem Werth,
Es ist alles übervoll und beschwert,
Jeder Knecht (Geselle) Meister werden will,
Des sind in jedem Handwerk viel,
Mancher zur Meisterschaft sich kehrt,
Dem nie das Handwerk ward gelehrt.
Einer dem Andern nimmt das Brod
Und bringt sich selbst in Noth.
Man sudelt jetzt in allen Ding,
Daß man sie geben kann gering.

Im Jahre 1750 ergab eine Erhebung über die Lage des Handswerks, daß die Schäden herrührten: von der Ueberfülle der vorhandenen Meister, von der Leistungsunfähigkeit der Gesellen, von der Lernfaulheit der Lehrlinge, von der Zunahme der Hausirer. Ein Handwerker, Schreinermeister Ruetz, Vorsitzender des Handels- und Gewerbevereins in Kassel, Mitglied des Aufsichtsraths des Kreditvereins in Kassel, e. G. m. u. H., war es, der auf dem Kongreß des Verbands deutscher Gewerbevereine in Wiesbaden (1893) darauf hinwies, daß dieselben Klagen wie heute schon seit alten Zeiten immer wiederkehren und wir deshalb keine Ursache haben, uns nach den entschwundenen Zeiten zurückzusehnen. . . . Heute sind einem Jeden die Mittel gegeben, sich durch Fleiß, Strebsamkeit und Ausdauer frei und unabhängig zu machen. Wer jetzt die ihm gebotenen Hilfsmittel benutzt, kann in ganz anderer Weise vorwärts kommen, wie dies im Mittelalter bei seinen kleinlichen Verhältnissen möglich war. Dies sind Worte nicht vom „grünen Tisch“ sondern von einem „Manne der Praxis“, der das wirthschaftliche Leben und seine Anforderungen kennt.

Bequemer, als „Fleiß, Strebsamkeit und Ausdauer“ anzuwenden, aber ist es, die Hilfe des Staates zu fordern und über die „Lösung sozialer Fragen“ zu streiten. Als wenn es möglich wäre, alles soziale Elend aus der Welt zu schaffen, mit Hilfe der Gesetzgebung alle Menschen pflichttreu, klug und verständig zu machen, einem Jeden die nöthige Dosis Glück bei seinen Unternehmungen auf den Weg zu geben! Wird denn nicht der Eine mehr bei seinen Werken vom Glück begünstigt wie der Andere? Giebt es nicht findige und schwache Köpfe? Fleißige und faule Männer? Wie sollte eine Gesetzgebung das Alles ausgleichen! Und doch wird Niemand ernstlich bestreiten wollen, daß alles dies heute wie ehemals auf das Schicksal des Einzelnen bestimmend wirkt. Heute wie einst giebt es Männer, die aus eigener Kraft vorwärts kommen, sich aus den bescheidensten Anfängen zu Großem emporarbeiten. Und doch stellt man sich vielfach so an, als bedürfte es nur eines Gesetzes, um allgemeinen Wohlstand und Zufriedenheit hervorzurufen, während schon der Umstand, daß diese Auffassung Gegner hat, deren Freunde überzeugen sollte, daß der erwünschte Erfolg nicht eintreten wird, daß neue Unzufriedene mit dem neuen Gesetze entstehen würden, die sich durch dasselbe belastet, beschwert fühlen. Im günstigsten Falle würden nur die Rollen vertauscht sein. Das lehrt die Geschichte, soweit wir dieselbe verfolgen können. Gute Zeiten, schlechte Zeiten haben immer einander abgewechselt. Jede Zeit hat ihre Zufriedenen und ihre Unzufriedenen gehabt, zu den Ersteren gehörten die, welche es verstanden aus den Verhältnissen der Zeit ihren Vortheil zu ziehen, zu den Letzteren die, welchen es schlecht erging. Das ist so einfach und natürlich und wird doch so wenig beachtet.

## III.

Nur zu leicht ist man geneigt Ursache und Wirkung zu verwechseln, man kämpft gegen die Wirkungen an und die Ursachen bleiben unverändert bestehen. Es sollen hier nicht die „Forderungen" des „Handwerks" näher beleuchtet werden, denn wir bewegen uns auf einem Gebiete, auf dem alle Handwerker mitarbeiten können, mögen sie Freunde oder Feinde des Befähigungsnachweises der Innung sein. Nur den Ausgangspunkt möchten wir klarstellen. Wie gesagt, man braucht ihn nicht zu theilen und kann doch mit uns den gleichen Weg gehen, denn das Ziel ist allen wahren Freunden des Handwerkerstandes gemeinsam — dessen wirthschaftliche Erhaltung und Festigung.

*

Man glaubt vielfach dem Handwerk Vortheil schaffen zu können, wenn man Einschränkungen der Konkurrenz erreicht, denn von der Gewerbefreiheit, der Konkurrenz, soll alles Unheil herrühren. — Allen derartigen Bestrebungen liegt aber eine Verwechselung von Ursache und Wirkung zu Grunde. Die Gewerbefreiheit ist nur eine ganz selbstverständliche Folge der Dienstbarmachung der Naturkräfte, der Vervollkommnung der Maschinen, und jener Schranken auferlegen, hieße alle Fortschritte auf diesem Gebiete, den Gebrauch von Maschinen verbieten, weitere Erfindungen untersagen wollen, die geistige Entwickelung um Jahrhunderte zurückschrauben. Jede Verbesserung von Werkzeugen hat den Einen ein Uebergewicht über Andere gegeben und ist Einzelnen nachtheilig geworden, von ihnen gewiß immer für schädlich und das Gemeinwohl gefährdend erachtet. Die ersten Maschinen wurden von Arbeitern zerstört. Nicht das persönliche Interesse darf über den Werth einer Einrichtung entscheiden, sondern das allgemeine Wohl. Wer unbefangen die Verhältnisse beurtheilt, muß zu dem Schluß kommen, daß jede Vereinfachung der Produktion, des Betriebes von Vortheil ist, denn das Produkt wird nicht geschaffen, um der Arbeit eine Gelegenheit zur Bethätigung zu bieten, sondern um mit demselben ein Bedürfniß zu befriedigen. Dies ist der leitende wirthschaftliche Grundsatz und kann es nur sein, will man nicht auch der zwecklosen und unnützen Arbeit ein Verdienst zusprechen.

Sollte denn nun aber, wenn eine Beschränkung der Konkurrenz des Handwerks mit irgend welchem Erfolge auf die Dauer nicht denkbar ist, dieses dem Untergange bestimmt sein? Die Thatsachen sprechen bereits gegen diese Annahme, denn trotz aller Klagen kommen fleißige, tüchtige Handwerker auch heute vorwärts — nur daß sie heute vielleicht mit mehr Sachkenntniß, Umsicht und Ausdauer arbeiten müssen als zu jenen Zeiten, in denen das Handwerk angeblich den „goldenen Boden" hatte. — Das eine oder andere Gebiet mag freilich noch dem Handwerk verloren und in den Besitz des Fabrikbetriebes übergehen, dafür entstehen auch wieder neue Industrieen, und je mehr das Handwerk technische Vorbildung, kaufmännische Schulung sich aneignen und sich das Kunstgewerbe dienstbar machen wird, desto fester und sicherer wird es seine Stellung wahren. Die Vorliebe vieler Käufer für schlechte und billige aber in die Augen fallende Waaren wird auch wieder verschwinden — viel könnte dazu die Presse als Vertreterin der öffentlichen Meinung beitragen.

So muß sich denn das Handwerk auf den Wettstreit mit dem Fabrikbetriebe einrichten, und es darf nicht erwarten, daß jener ihm angepaßt wird, denn nicht der Stärkere hat sich im Wettbewerb nach dem Schwächeren zu richten. Nicht die Zeiten passen sich dem Einzelnen an, sondern wir müssen uns nach den Anforderungen der Zeit, den veränderten wirthschaftlichen Ansprüchen richten; wer dies versäumt, der unterliegt.

## IV.

Wie die Heilung einer physischen Krankheit muß die der wirthschaftlichen Schäden an der Wurzel beginnen, schwache Theile müssen gekräftigt werden. Prüfen wir daher, wo die Schwäche des Handwerks, wo das Uebergewicht des Großbetriebes liegt. Wir können das letztere auf vier Momente zurückführen: Besitz des nothwendigen Betriebskapitals, billiger Einkauf der Rohstoffe, Benutzung von Maschinen, Angebot der Waaren an das Publikum in, den verwöhntesten Ansprüchen desselben genügenden Magazinen. Es würde uns zu weit führen, hier auf diese vier verschiedenen Momente näher einzugehen, nur mit dem zweiten — dem Einkauf der Rohstoffe — wollen wir uns eingehender beschäftigen, und begnügen uns im übrigen den Weg zu bezeichnen, auf dem sich das Handwerk die gleichen Vortheile verschaffen kann. Es ist der Weg des gemeinschaftlichen Geschäftsbetriebs und zwar nicht unter Aufgabe der Selbstständigkeit, sondern zur Erhaltung derselben. Die Kreditgenossenschaft verhilft den Mitgliedern zum erforderlichen Betriebskapital. — Durch Betheiligung an der Rohstoffgenossenschaft vermag auch der kleinste Handwerker die Rohstoffe so günstig wie der Besitzer einer Fabrik zu erwerben. — Die Werkgenossenschaft bietet die Möglichkeit der Benutzung der Maschinen. — Die Magazingenossenschaft ist der Bazar der Gewerbtreibenden, der Handwerker.

Von diesen vier Genossenschaftsarten wollen wir hier das Wesen und die Bedeutung der Rohstoffgenossenschaft näher betrachten.

## V.

Nicht weniger wichtig als der Besitz des erforderlichen Betriebskapitals ist der günstige Einkauf der Rohstoffe. Man könnte vielleicht behaupten, daß Ersteres den Letzteren zur Folge hat, doch trifft dies durchaus nicht immer zu, wie z. B. dann nicht, wenn der Betrieb klein ist und nur einen verhältnißmäßig geringen Bezug von Rohstoffen erfordert, denn nur großer Bezug sichert die günstigsten Bedingungen, ermöglicht Einkauf aus erster Hand, bietet eine Gewähr für beste Qualität. Auch selbst bei größeren Betrieben reicht das sonst für diese genügende Betriebskapital wohl nur selten aus, um die Rohstoffe stets preiswerth einzukaufen, denn der Handwerker darf auch nicht zu viel Kapital in denselben festlegen, um nicht unwirthschaftlich zu verfahren; so manche günstige Gelegenheit muß er unbenutzt vorüber gehen lassen, theure, selten gebrauchte Waaren kann er überhaupt kaum auf Lager nehmen, oft auch schon aus technischen Gründen. So sichert das Betriebskapital allein noch durchaus nicht die Möglichkeit, beim Einkaufe der Rohmaterialien in einer Weise zu verfahren, daß alle Vortheile wahrgenommen werden, welche Produktion und Handel bieten. Besonders in Mittel- und Kleinstädten hat man oft Gelegenheit, Klagen der Handwerker nach diesen verschiedenen Richtungen hin zu hören, sie müssen entweder mit dem Risiko eines zu großen Lagers mit Zins, vielleicht sogar Kapitalverlusten rechnen — vorausgesetzt daß sie überhaupt zur Beschaffung eines solchen Lagers die Mittel haben — oder sie scheuen sich das Risiko zu übernehmen, und laufen dann zahlreiche Bestellungen bei ihnen ein, so zieht aus denselben den größten Nutzen irgend ein Lieferant, und dem Handwerker bleibt meist nur die Verarbeitung des Materials, sein Nutzen ist von vornherein verloren — er befand sich in einer Zwangslage, er mußte kaufen, was und wie es sich bot, wollte er nicht auf die Ausführung der Arbeit überhaupt verzichten.

Und dieses sind noch die günstigsten Verhältnisse. Traurig ist es um alle jene Handwerker bestellt, deren Kapital und Kredit zu größeren Einkäufen überhaupt nicht ausreicht, die von Händlern kaufen müssen, welche aus solcher Nothlage den größten Gewinn ziehen. Der leistungsfähige Händler läßt sich mit solchen Handwerkern nur ungern, wenn überhaupt ein, da das Geschäft ihm zu geringfügig ist. Es liegt hier ebenso, wie bei der Beschaffung des Betriebskapitals; das Bankhaus arbeitet nur ausnahmsweise mit dem Handwerker, denn es findet seine Aufgabe in großen Geschäften; deswegen bedarf es der Vereinigung der Gewerbetreibenden zur Kreditgenossenschaft, um durch diese die Verbindung mit den Großbanken zu schaffen, die Kreditgenossenschaft ist der Kanal, durch den das Kapital den einzelnen Gewerbetreibenden vom Weltmarkt her zugeführt wird. Die gleichen Maßnahmen sind bei gleichen Verhältnissen folglich auch beim Einkauf der Rohstoffe zu treffen.

Aus letzter Hand bezieht der kleine Handwerksmeister seine Rohstoffe und muß dieselben entsprechend theurer bezahlen als der, welcher aus erster Hand kauft. Und nicht nur theurer stellt sich der Rohstoff dadurch, sondern in vielen Fällen bringt es schon die geringe Quantität mit sich, daß auch die Qualität minderwerthig ist.

Wer Gelegenheit gehabt hat, die Verhältnisse des Handwerks an Ort und Stelle kennen zu lernen, der weiß, wie trostlos die Lage solcher Handwerker ist; nur kurze Zeit vergeht und der „Lieferant" hat den Handwerker bestimmt, den Kredit in Anspruch zu nehmen — und damit hat dann die wirthschaftliche Selbständigkeit des Handwerkers ihr Ende erreicht. Kredit häuft sich auf Kredit. Der Handwerker wird zunächst zur Zahlung nicht gedrängt — im Gegentheil, es wird ihm Geld noch zur Verfügung gestellt, und wenn der Handwerker, wie es in kleinen Städten oft der Fall ist, ein kleines Grundstück besitzt, so ist der Lieferant gern bereit, auch auf dasselbe noch Geld zu leihen. So ziehen sich die Maschen immer enger zusammen. Der Handwerker kann nicht mehr daran denken, einen anderen Lieferanten zu wählen, der zeitige Lieferant ist sein Gläubiger, auf den er die größte Rücksicht nehmen muß, da er die Schuld abzutragen nicht in der Lage ist. Mit jeder Waare muß er vorlieb nehmen, der Lieferant führt sich noch als sein Wohlthäter auf! Der Handwerker wirkt bei der Preisbestimmung nur noch scheinbar mit, er muß zahlen, was der Lieferant von ihm fordert. Und so sinkt der Handwerker mehr und mehr zur wirthschaftlichen Abhängigkeit herab, aus dem Lieferanten wird der Arbeitgeber, der dem Handwerker zu Spottpreisen die von ihm hergestellten Produkte abnimmt, und der dabei ein vorzügliches Geschäft macht, denn er hat die billigste Arbeitskraft erworben und —

verschleudert die Produkte. Damit wird er nun auch weiteren Handwerkerkreisen gefährlich. Nicht das Kapital ist es, das zu diesen Verhältnissen geführt hat, sondern Leichtsinn und Unverstand! Die Empörung über das Kapital, die in solchen Fällen bei den Betroffenen entsteht, kommt dem Zorn des Kindes gleich über den Tisch, an dem es sich gestoßen hat. Wäre der Handwerker nicht so blindlings in sein Verderben gerannt, er wäre niemals so tief wirthschaftlich gesunken*).

## VI.

Für die große Mehrzahl der Handwerker können wir den jetzigen Zustand beim Einkauf der Rohstoffe und dessen Folgen dahin zusammenfassen: Einkauf in kleinster Quantität zu theuersten Preisen, meist auf Kredit, daraus entstehende wirthschaftliche Abhängigkeit vom Lieferanten, Hingabe der Produkte an diesen an Zahlungsstatt, und somit Beförderung der Schleuderkonkurrenz, welche auch die Existenz des leistungsfähigsten Handwerksmeisters gefährdet.

Vergeblich sucht der Einzelne sich diesen Verhältnissen zu entziehen, seine wirthschaftliche Lage zwingt ihn hinein. Kein Gesetz, keine Innung kann ihn dagegen schützen, die beste Organisation des Handwerks bleibt machtlos — nur aus dem Handwerkerstande heraus kann die Hilfe erwachsen, und dies auf dem natürlichsten Wege, durch die Vereinigung

*) Bei Gelegenheit eines Vortrages in einer kleinen sogenannten „Schusterstadt" bot sich mir folgendes Bild. Die Bevölkerung der Stadt besteht aus einigen hundert Schuhmachern, die während einiger Monate des Jahres auf die Jahrmärkte kleiner Städte ziehen, um dort ihre Waaren zu vertreiben. Welcher Zeitverlust, welcher schädliche Einfluß auf die Sitten damit verbunden ist, braucht nicht näher dargelegt zu werden. Neben diesen ein armseliges Leben führenden Schuhmachern, die zum Theil kleine Grundstücke besitzen, bestehen einige großen Gewinn abwerfende Gerbereien, deren Kundschaft jene Schuhmacher bilden. Mit großem Mißtrauen vernahmen die Gerber, daß die Handwerker zur Bildung einer Rohstoffgenossenschaft veranlaßt werden sollten und sie hatten ihre Gegenmaßregeln getroffen, was ihnen sehr leicht wurde, da die Schuhmacher nicht nur für entnommene Waare ihre Schuldner waren, sondern in ihren Lieferanten auch zum Ueberfluß noch Hypothekengläubiger hatten. Niemand wagte nun aus den Kreisen der Handwerker für die Gründung einer Rohstoffgenossenschaft das Wort zu ergreifen und selbst dem Bürgermeister jenes Ortes merkte man es bei jedem Worte an, daß er unter dem Einfluß der Gerber stand.

zum gemeinschaftlichen Einkauf der Rohstoffe. Ist der Einzelne zu schwach, etwas zu erreichen, so muß er sich mit Anderen dazu verbinden, dies ist der Grundgedanke unseres staatlichen und wirthschaftlichen Lebens; scheint es auch Zeiten zu geben, in denen alles droht auseinanderzugehen, die Gesellschaft sich in Atome aufzulösen, der genossenschaftliche Gedanke weit zurücktritt, alle Verbindungen gesprengt werden — das Bedürfniß, die Nothwendigkeit des Zusammenschlusses macht sich doch wieder geltend, wenn auch in neuer zeitgemäßerer Form. Gefährlich freilich ist dann ein Vergreifen in der Form, denn diese ist nicht immer nur eine Aeußerlichkeit, sie giebt nicht selten auch dem Inhalt das Gepräge; Inhalt und Form müssen zu einander passen.

„Die Associationen mit der ganzen Macht und Fülle ihres Prinzips sind für den Handwerker die Innungen der Zukunft", dieses vor 40 Jahren gesprochene Wort des Altmeisters der deutschen Genossenschaften, Schulze-Delitzsch, enthält die tiefe wirthschaftliche und sittliche Grundwahrheit für unser gewerbliches Leben, es zeigt dem Handwerker den Weg, den er einzuschlagen hat, um erfolgreich den Wettstreit mit der kapitalkräftigen Industrie aufzunehmen.

Weit und mannigfach ist das Anwendungsgebiet der Genossenschaft; oben haben wir die vier Arten bezeichnet, die für den Handwerker hauptsächlich in Betracht kommen, hier handelt es sich darum, die Vortheile der einen Art, der Rohstoffgenossenschaft darzulegen.

Die Rohstoffgenossenschaft ist eine Vereinigung zum Einkauf der zum Betriebe eines Gewerbes erforderlichen Rohstoffe, Werkzeuge und Geräthe für gemeinschaftliche Rechnung und zum Verkauf an die Mitglieder.

Die Rohstoffgenossenschaft bietet in erster Reihe ihren Mitgliedern alle Vortheile des Großbezuges. Ist der kleine Handwerker, wie oben dargelegt ist, in der Regel angewiesen, seine Rohstoffe aus — wie man sich auszudrücken pflegt — letzter Hand zu kaufen, d. h. nachdem diese von dem Produzenten an den Großhändler, von diesem an den Detaillisten und von diesem an einen noch kleineren Händler und so noch manche Stufe weiter nach unten gekommen ist, also vertheuert durch alle die „Zwischenhände", oft sogar verschlechtert, so gestaltet sich seine Lage sofort anders, wenn er sich mit seinen Kollegen vereinigt, um gemeinschaftlich die Rohstoffe zu beziehen. Nicht mit dem kleinen Krämer hat er es dann weiter zu thun, sondern mit dem leistungsfähigen Händler, nicht mehr ist der Handwerker auf bestimmte „Lieferanten" angewiesen, sondern er ist ein gesuchter Abnehmer geworden. Bisher war er ein Kunde von zweifelhaftem Werthe, und der Produzent, das Handelshaus lehnten es meist ab, mit ihm in direkte Verbindung zu treten, sie scheuten das sich aus derselben ergebende Risiko, der Bedarf war ihnen auch zu klein, sie zogen es vor, sich eines Vermittlers zu bedienen, der ihnen Risiko und Weitläufigkeiten abnahm und der es wohl verstand, dabei seinen eigenen Vortheil sehr gut wahrzunehmen. Nur die verhältnißmäßig wenigen gut situirten Handwerker genießen des Vortheils der direkten Geschäftsbeziehung.

Durch die Rohstoffgenossenschaft ändert sich nun auch für den kleinen Meister die Lage, als Mitglied derselben tritt er als gleichberechtigter Käufer neben den Verkäufer. Sollte es denn wirklich eines Beweises bedürfen, daß ein Dutzend Schuhmacher, Tischler u. s. w. zusammen besser und billiger einkaufen können, als ein jeder für sich? Die Vereinigung, die Genossenschaft ist eine gesuchte Käuferin geworden, ihr Bedarf ist so groß, ihre Zahlungsfähigkeit so sicher, daß die besten Firmen sich um ihre Kundschaft bewerben. An der Spitze der Genossenschaft steht ein gelernter Fachmann, der die Güte der angebotenen Waaren wohl zu beurtheilen versteht; er kann nicht leicht getäuscht werden, und irrt er sich einmal in der Konjunktur, nun so erhalten die Mitglieder die Waaren ganz gewiß noch um vieles besser und preiswerther als zu der Zeit, da sie einzeln einkauften, oder richtiger gesagt, einkaufen mußten. Und welcher Handwerker wollte es überdies bestreiten, daß beim Einkauf im Großen an die Qualität der Waaren höhere Ansprüche gestellt werden können als beim Einkauf im Kleinen? Fast in jedem Beruf giebt es Artikel, die im Kleinbetrieb gar nicht zu erhalten sind; das Beste gelangt nicht in die Hände des untersten Zwischenhandels, der für die besten Waaren gar keine Verwerthung findet.

Doch dies ist immer nur die eine Seite der Rohstoffgenossenschaft — der Vortheil des Einkaufs im Großen. Größer noch ist der Vortheil, der darin liegt, daß die Rohstoffgenossenschaft ihren Mitgliedern die wirthschaftliche Selbständigkeit beim Einkauf giebt, es verhindert, daß der Handwerker der Arbeiter seines Lieferanten wird.

Und so begrenzt sich der Nutzen der Rohstoffgenossenschaften nicht auf den wirthschaftlich Schwächsten im Handwerkerstande, er erstreckt sich auch auf die Handwerker, die für ihren Betrieb zunächst noch wohl der Rohstoffgenossenschaft entbehren könnten, denn es ist auch ihr Vortheil, wenn die Lage des gesammten Handwerkerstandes gehoben wird, wenn der Schleuderkonkurrenz die freilich sehr unfreiwillige Leistung und Beihilfe aus dem Bereiche des Handwerks entzogen wird.

Ein großer Irrthum würde jedoch in der Annahme enthalten sein, daß der Beitritt zur Rohstoffgenossenschaft für den gut gestellten Handwerker keinen Vortheil böte. Ist auch zuzugeben, daß er in vielen Fällen ohne eine solche Genossenschaft ebenso gut und billig einkauft, wie mit derselben, so wird andererseits doch auch nicht zu bestreiten sein, daß es in jedem Handwerksberuf Waaren giebt, die der Handwerker nur ungern in größeren Partieen einkauft, sei es, daß sie dem Verderben ausgesetzt sind, sei es, daß sie todtes Kapital bilden, da sie hoch im Preise stehen, und selten zur Verwendung kommen. Als Mitglied der Rohstoffgenossenschaft hat er es nicht nöthig, solche Waaren im Großen einzukaufen. Und noch ein Vortheil, der aber selten genügende Beachtung findet und der gerade für den Meister mit großem Betriebe von Bedeutung ist, ist der, daß die Rohstoffgenossenschaft das Halten eines größeren eigenen Lagers entbehrlich macht! Die Rohstoffgenossenschaft ist das Lager des Handwerkers. Der sich hieraus auch für den bestgestellten Handwerker ergebende Vortheil liegt auf der Hand, es ist zum mindesten ein oft nicht geringer Zinsgewinn, der damit verbunden ist.

In den meisten Gewerben giebt es überdies Rohstoffe, die bei sich bietender Gelegenheit aus erster Hand im Großen eingekauft, einen ganz geringen Preis haben, während sie im Handel gute Preise erzielen. Es ist selbstverständlich, daß der Einzelne nicht im Stande ist, solche Gelegenheit wahrzunehmen und wagt er es in einem Falle, solche Rohstoffe aufzukaufen, die weit das Bedürfniß seines Geschäftes übersteigen, so belastet er sich mit der Arbeit, unter der Hand Absatz bei seinen Kollegen zu suchen.

Schwerlich kann uns bei allen diesen Erwägungen der sonst übliche Einwand entgegengehalten werden, das seien Gedanken vom grünen Tisch her — ganz im Gegentheil, das alles ist der Praxis entnommen; und nicht der Praxis an einem Orte, sondern der Praxis, wie sie sich in großen und kleinen Städten — überall gestaltet.

Die wirthschaftlichen Vortheile des gemeinschaftlichen Einkaufs in der Form der Rohstoffgenossenschaften sind damit noch durchaus nicht erschöpft. Wir müssen insbesondere noch eines Vortheils gedenken, der sich aus dem Geschäftsbetriebe ergiebt.

Der Zweck der Rohstoffgenossenschaft ist nicht, mit den Waaren zu schleudern, die Händler zu unterbieten, sich in gewagte Spekulationen einzulassen — der Zweck ist, nur den Mitgliedern alle Vortheile des Großbezuges zugänglich zu machen, mögen sie viel, mögen sie ganz wenig gebrauchen. Daraus ergiebt sich, daß man nicht die Konkurrenz zu unterbieten bestrebt ist, sondern zu Marktpreisen verkauft; naturgemäß ist dieser Marktpreis höher als der Einkaufspreis, die Unkosten des Betriebes sind gering, und so ergiebt sich am Schluß des Geschäftsjahres ein Ueberschuß. Nun will aber die Rohstoffgenossenschaft keine persönlichen Vortheile erreichen, und dieser Ueberschuß muß folglich wieder den Mitgliedern zu gute kommen. Da der Ueberschuß dadurch erzielt ist, daß die Mitglieder beim Einkauf mehr bezahlt haben, als erforderlich war, um den Einkaufspreis und die Unkosten zu decken, so ist es nur billig, daß dieser Ueberschuß — nach Zurücklegung einer kleinen Reserve — unter die Mitglieder nach Verhältniß der Einkäufe zur Vertheilung gelangt.

Daraus nun ergiebt sich, daß die kaufenden Mitglieder, welche die beste Qualität mit dem Marktpreise bezahlt haben, bei der Rohstoffgenossenschaft Ersparnisse erzielen, ohne sich irgend eine Entbehrung auferlegt zu haben. Das ist wiederum keine Theorie, sondern ergiebt sich aus den praktischen Erfahrungen der bestehenden Rohstoffgenossenschaften.

Wir brauchen ganz gewiß nicht uns über den Werth eines solchen zur Vertheilung kommenden Ueberschusses für den Handwerker auszulassen. Es mag genügen, darauf hinzuweisen, daß dieser Ueberschuß z. B. den Grundstock für die Baarzahlung der Bezüge im folgenden Jahre bietet, wenn diese nicht bereits der Grundsatz der Genossenschaft sein sollte.

Verfehlt würde es sein, wenn sich die Leitung einer Rohstoffgenossenschaft verleiten lassen wollte, so billig wie nur möglich zu verkaufen, um dadurch Mitglieder zu gewinnen. Damit würde sie ein Spekulationsunternehmen werden, und das soll sie nicht sein. Eine solche Genossenschaft würde die Gefahr von Verlusten laufen, sie würde vielleicht vorübergehend neue Mitglieder gewinnen, die ihr aber auch ebenso schnell untreu würden, wenn ein Konkurrent durch Schleudern mit den Waaren versuchen wollte, sie zu unterbieten. Solche Käufer eignen sich nicht als Genossenschafter, denn sie haben nur den persönlichen Vortheil im Auge, vernachlässigen das Wohl der Allgemeinheit und vergessen, daß jener Schleuderer sehr bald wieder mit den Preisen in die Höhe gehen wird, wenn das Schreckgespenst der Rohstoffgenossenschaft verschwunden sein wird.

Abgesehen von solchen Zweckmäßigkeitsrücksichten kommt für uns in Betracht, daß die dabei für den Einzelnen augenblicklich vielleicht erzielten geringen Gewinne meist ohne dauernden Nutzen sind, daß der Handwerker größeren Vortheil hat, wenn er gewissermaßen gezwungen ist, bei der Genossenschaft jene kleinen Beträge stehen zu lassen und sie angesammelt zu einer ansehnlichen Summe am Jahresschluß abheben kann.

Die vorstehenden Ausführungen beschäftigen sich fast ausschließlich mit dem wirthschaftlichen Nutzen einer Handwerker-Rohstoffgenossenschaft, wir finden ihre große Bedeutung jedoch auch noch auf einem ganz anderen Gebiete.

Nach § 47 der Gewerbeordnung ist Aufgabe der Innung die Pflege des Gemeingeistes. Wir wollen es dahingestellt sein lassen, inwieweit die Innungen dieser Aufgabe gerecht geworden sind. Eins wird aber gewiß Niemand bestreiten, die Pflege dieses Gemeingeistes macht sich am leichtesten dort, wo die Verfolgung wirthschaftlicher Vortheile damit verbunden ist. Nirgends tritt der letztere Umstand so deutlich hervor, wie bei der Rohstoffgenossenschaft, und so ergiebt sich diese gleichzeitig als die beste Pflanzstätte für die Pflege des Gemeingeistes. Es ist auch durchaus natürlich, daß die Mitglieder der Genossenschaft, die Genossen des gleichen Gewerbes, die in der Generalversammlung über Angelegenheiten berathen, welche dem Gewerbe eines Jeden von ihnen nutzbringend werden sollen, ihre Verhandlungen ausdehnen und ihr ganzes Gewerbe ins Auge fassen. Sie haben in der Genossenschaft, als Mitglieder derselben erkannt, daß die Gleichheit der Interessen mehr ist als eine bloße Phrase, daß nur durch gemeinsames Handeln die wirtschaftliche Lage eines

Jeden gehoben und gebessert werden kann — sie sind Genossen geworden, und dies wird sich über den Rahmen der Genossenschaft hinaus fühlbar machen. Es kann nicht ausbleiben, daß sich hier Dinge vorbereiten, die auf das gesamte wirtschaftliche Leben des Gewerbes Einfluß gewinnen. Die Association mit der ganzen Macht und Fülle ihres Prinzips ist die Innung der Gegenwart!

So glauben wir denn in der Rohstoffgenossenschaft ein Mittel zu haben, welches dem kleinen wie dem großen Handwerker den größten wirthschaftlichen Vortheil bietet, welches ihnen beim Einkauf der Rohstoffe allen Nutzen des Großbezuges zuführt, welches sie der Nothwendigkeit enthebt, ein eigenes Lager zu halten, welches über alle diese wirthschaftlichen Vortheile hinaus auf die künftige Gestaltung des Gewerbslebens den größten Einfluß von tiefster sittlicher Bedeutung auszuüben vermag. — —

Es ist uns entgegengehalten, daß die Rohstoffgenossenschaft für Handwerker keinen Werth hat, denen der Absatz für ihre Produkte fehlt. Ganz gewiß kann diese Genossenschaft keine neuen Absatzquellen erschließen, sie kann dies ebensowenig wie eine Innung, ebensowenig wie unter den heutigen Verhältnissen ein Gesetz jedem Handwerker den Absatz sichern könnte, es sei denn, wir kehrten zu den mittelalterlichen Zwangs- und Bannrechten zurück. — Darum handelt es sich aber auch gar nicht bei der Rohstoffgenossenschaft, sie soll und kann dem Handwerker weder Absatz schaffen, noch sichern, sie soll ihm nur die Möglichkeit bieten, unter Verhältnissen zu produziren, die ihn konkurrenzfähig machen, seine im Betriebe nothwendigen Rohstoffe zu den günstigsten Bedingungen zu erwerben, die Rohstoffgenossenschaft soll den Handwerkerstand frei machen von der wirthschaftlichen Abhängigkeit von den Lieferanten, in der sich derselbe heute zum großen Theil befindet. Ist dieses Ziel mittelst dieser Genossenschaft zu erreichen, und es ist zu erreichen, so müssen wohl persönliche Interessen dort entscheiden, wo man sich gegen die Bildung solcher Genossenschaften erklärt.

Es ist nicht die Aufgabe der Genossenschaften, die soziale Frage zu lösen und alle Menschen glücklich zu machen — weil das Eine wie das Andere unmöglich ist, wohl aber ist es möglich, mittelst der Genossenschaft die Lage der wirthschaftlich Schwachen zu bessern. Unklug nun würde der handeln, der die wirthschaftliche und sittliche Bedeutung der Genossenschaft deswegen in Zweifel zieht, weil sie nicht vermag, die Vollkommenheit herbeizuführen, die er für erreichbar hält. Will der Handwerkerstand mit der Verbesserung seiner wirthschaftlichen Lage warten, bis ihm ein Weg gezeigt wird, auf dem einem jeden Handwerker eine behäbige Existenz gesichert wird, so wird darüber ganz gewiß das Handwerk zu Grunde gehen.

Wer mit uns anerkennt, daß für den kleinen Handwerker Mißstände beim Einkauf der Rohstoffe bestehen — und es wird dies schwerlich irgendwo bestritten — der muß in der Rohstoffgenossenschaft eine wirthschaftliche Einrichtung sehen, die geeignet ist, diesem Mißstande abzuhelfen. Erfüllt die Rohstoffgenossenschaft diese Aufgabe, so verdient sie allein schon um dieses Zweckes willen die weiteste Verbreitung.

## VII.

Es ist eine nicht leichte Aufgabe, Jemanden von der Bedeutung einer wirtschaftlichen Einrichtung zu überzeugen, wenn man nicht in der Lage ist, den Nutzen derselben mit unangreifbaren Zahlen nachzuweisen. Die meisten Menschen möchten erst die Idee in thatsächlichen Erfolgen verkörpert sehen, ehe sie für dieselbe zu gewinnen sind, bevor sie für die Ausführung eintreten. Das klingt lächerlich, und doch ist es so. Liegen erst die Vortheile Allen handgreiflich vor, dann haben wir auch den Zustrom; und Alle möchten dann theilnehmen. Wenn nun gar hier und da an die Durchführung sich Mißerfolge knüpfen, dann ist, wie bereits hervorgehoben wurde, es naturgemäß noch weit schwieriger, Zweifler und Gegner von der Vortrefflichkeit der Sache zu überzeugen. Man geht den Mißerfolgen nicht auf den Grund, prüft nicht, woher sie rühren, sondern hält sich daran, daß sie vorhanden sind, folglich — nimmt man an — könne auch die Ausführung des Gedankens nicht zweckmäßig sein, andernfalls müßten schon mehr Erfolge vorliegen. Wenn dies nun schließlich ein ganz verbreiteter Standpunkt wird, dann fehlt selbstverständlich die Möglichkeit, auf breiterer Grundlage durch praktische Erfolge die Einrichtung sich selbst empfehlen zu lassen.*)

---

*) Man glaube aber deswegen nicht, daß die Rohstoffgenossenschaften keine Erfolge zu verzeichnen hätten. Ein Blick in die Statistik des Jahres-

Man pflegt, wie erwähnt, heute allgemein den Altmeister der deutschen Genossenschaften, Schulze-Delitzsch, als den Schöpfer der Kreditgenossenschaften zu betrachten, denn diese haben lange Jahre dem gesammten Genossenschaftswesen derart das Gepräge gegeben, daß die Beziehungen Schulze-Delitzsch' zu den anderen Genossenschaftsarten in weiten Kreisen gar nicht bekannt sind, daß man gar nicht weiß, welch' großen Werth Schulze-Delitzsch z. B. auf die Ausbreitung der Rohstoffgenossenschaften und Konsumvereine gelegt hat. Und doch hat die von Schulze-Delitzsch ins Leben gerufene moderne Genossenschaftsbewegung nicht mit den Kreditgenossenschaften, sondern mit den Rohstoffvereinen begonnen, eine Rohstoffgenossenschaft der Tischler und eine solche der Schuhmacher waren die ersten Genossenschaften, welche Schulze in Delitzsch gründete. Gerade diese Genossenschaftsart fand sogar in der ersten Zeit eine allgemeine Verbreitung; so bestanden solcher Genossenschaften 143 im Jahre 1865, 135: 1870, 168: 1875, 150: 1885, 140: 1890, 59: 1894. Mit dem Jahre 1876 ist

---

berichts des Allgemeinen Verbandes beweist das Gegentheil. Zunächst ist die Anzahl der Rohstoffgenossenschaften auch heute durchaus nicht so geringfügig, wie es Seitens der Gegner dargestellt wird, es bestehen 59 Rohstoffgenossenschaften, die meisten derselben entfallen auf das Schuhmacher- und Schneidergewerbe. Die Gründe, aus denen die Anzahl im Laufe der Jahre zurückgegangen sind, werden wir darlegen, sie sind in mangelhafter Organisation, zumeist aber in der Gleichgiltigkeit der Handwerker gegen diese Genossenschaftsart zu suchen, sie beruhen also in äußeren Verhältnissen, die zu beseitigen das Handwerk in seiner Hand hat. Ein bedauernswerther Fehler der großen Mehrheit der bestehenden Rohstoffgenossenschaften ist, daß sie mit ihren Resultaten nicht hervortreten, an der Statistik sich nicht betheiligen, sie fürchten — freilich ganz ohne Grund — damit der Konkurrenz einen Einblick in ihr Geschäft zu geben und so die Handhabe, ihnen Schaden zuzufügen. Sie würden sich und der Sache mehr nützen, wenn sie sich mit den gleichen Genossenschaften vereinigten und ihre Erfolge vor aller Welt zahlenmäßig zeigten. Denn zahlenmäßig muß Alles heute bewiesen werden. So ergiebt sich für Zahlen-Betrachtungen nur der kleine Kreis von 13 Rohstoffgenossenschaften, deren Resultate aber geeignet sind, auch die Zweifler zu überführen. Die Rentabilität eines Geschäfts zeigt sich am besten in dem Verhältniß des Reingewinns zu dem Vermögen des Besitzers. Und bei den Rohstoffgenossenschaften finden wir, daß dieser Reingewinn bis auf wenige Ausnahmen eine Verzinsung des Geschäftsguthabens von mehr als 20 pCt. ausmacht! Ein Jeder wird zugestehen müssen, daß dies eine glänzende Kapitalsanlage ist. Und so stehen also Erfolge der Rohstoffgenossenschaften zahlenmäßig fest. Nichts läßt darauf schließen, daß die Verhältnisse bei den Rohstoffgenossenschaften, die sich nicht an der Statistik betheiligen, weniger günstig sind.

ein ganz auffälliger Rückgang eingetreten, aber das ist kein Zufall, denn damals begann jene Bewegung im Handwerkerstande auf Einführung der obligatorischen Innung, auf gesetzliche Regelung des Befähigungsnachweises — der Staat sollte helfend eintreten! Damit wurde der Boden den auf Selbsthilfe beruhenden Genossenschaften entzogen; das Vertrauen zur eigenen Kraft schwand im Handwerkerstande immer mehr, zunächst griff eine gewisse Gleichgiltigkeit gegen die freien Genossenschaften Platz, an ihrer Stelle finden wir bald sogar Abneigung, und die Handwerkertage treten der Bildung von Genossenschaften direkt entgegen. Unter solchen Verhältnissen konnte von einer weiteren Ausbreitung der Rohstoffgenossenschaften keine Rede sein, es war sogar sehr natürlich, daß die bestehenden davon nachtheilig beeinflußt werden mußten. Machte sich dieser anti-genossenschaftliche Sinn der Handwerker doch selbst bei den Kreditgenossenschaften recht fühlbar, bei denen die Betheiligung der Handwerker im Verhältniß zu der anderer Berufsarten von Jahr zu Jahr zurückging.

Dazu kam dann noch, daß den bestehenden Rohstoffgenossenschaften gänzlich das Gefühl der Zusammengehörigkeit, das Bestreben, von und mit einander zu lernen und die Einrichtungen zu verbessern, fehlte. Im Gegensatz zu den Kreditgenossenschaften und Konsumvereinen schlossen sie sich nicht zu Verbänden zusammen. Die Folge war, daß die meisten der Rohstoffgenossenschaften an den gleichen Fehlern krankten und Schaden erlitten, natürlich zum Nachtheil der ganzen Sache.

Wo eine Rohstoffgenossenschaft in ihrer Entwickelung zurückgegangen oder gar zur Auflösung gedrängt ist, finden wir immer die gleichen Ursachen, und zwar solche, die auf mangelhafte Organisation zurückzuführen sind; wir finden aber auch weiter, daß wenn dieselbe rechtzeitig verbessert, wenn zur Zeit Abhilfe geschaffen wurde, die Genossenschaft bald wieder aufblühte.

Es sind besonders zwei Ursachen, die auch hier hervorgehoben werden mögen: zu weit gehende Machtbefugnisse des Lagerhalters (Verkäufers) beim Einkauf der Waaren, oft sogar überhaupt die Einräumung einer ganz verfehlten Stellung für den Lagerhalter gegenüber dem Vorstande — ferner leichtfertiger Verkauf der Waaren auf Kredit. Hier ist nun nicht der Platz, auf Beides näher einzugehen. Doch das mag nur noch ausgesprochen werden, daß der Lagerhalter der Verkäufer ist und ausschließlich mit den Obliegenheiten eines solchen betraut sein darf, daß die gesammte Geschäftsführung, die Leitung der Genossenschaft, insbesondere der Einkauf der Rohstoffe, in den Händen des Vorstandes liegen muß, und daß auch nur die geringste Antheilnahme des Lagerhalters hieran die Genossenschaft gefährdet. Das ist eine nur zu oft erprobte Erfahrung.

Gefährlich, wenn auch vielleicht nicht in dem gleichen Umfange, ist der Verkauf auf Kredit. Wer nicht über die nöthigen Betriebsmittel verfügt, mag sich dieselben bei der Kreditgenossenschaft beschaffen, deren und nicht der Rohstoffgenossenschaft Aufgabe ist die Kreditgewährung, letztere schadet sich mit derselben, da die Kreditgewährung ihr einmal das nothwendige Kapital entzieht, ferner sie mit einem oft recht großen Risiko belastet. Es mag zuweilen die Kreditgewährung nicht ganz zu entbehren sein, dann darf sie aber nur unter ganz strengen Sicherheitsvorschriften erfolgen.

Zu diesen beiden Ursachen des Niedergangs kommt noch eine weitere Ursache, die aber nicht in der Geschäftsführung der Genossenschaft, sondern in dem Handwerkerstande selbst liegt — die erschreckende Gleichgiltigkeit und Theilnahmlosigkeit der Handwerker. Hat doch eine blühende Malergenossenschaft, die es im Laufe der Jahre sogar zu einem eigenen Grundstück gebracht hatte, deren Mitglieder Rentiers geworden waren, liquidiren müssen, weil sich in der Stadt — es war eine große Provinzialstadt — Niemand fand, der bereit war in den Vorstand oder Aufsichtsrath einzutreten! Das ist ein betrübendes Zeichen fehlenden Gemeinsinns. Und leider soll dieser Fall nicht vereinzelt dastehen, leider soll daran so manche Gründung scheitern.

Wer nicht bereit ist selbst Hand anzulegen bei der Besserung seiner wirthschaftlichen Lage, der sollte aber auch nicht über die Ungunst der Zeit klagen, nicht die Hilfe Anderer, des Staats anrufen.

Und welch enger Gesichtskreis, welcher Mangel an Gemeingeist zeigt sich bei jenen gut gestellten Handwerkern, die es nicht über sich gewinnen, durch zweckmäßiges Handeln für die Kräftigung ihres Gewerbes zu wirken. Zu Beschlüssen über die Lage des Gewerbes, zu Forderungen an den Staat, durch gesetzliche Maßnahmen das Gewerbe zu heben u. dgl. m. — dazu sind sie wohl bereit, aber thatkräftig an der Hebung des Gewerbes, des Standes sich betheiligen, das mögen sie nicht. Und doch, wie oben dargelegt ist, kommt ihr persönlicher Vortheil dabei durchaus nicht zu kurz, denn die Hebung des gesammten Gewerbes bringt auch ihnen Nutzen — sie entziehen der Schleuderkonkurrenz einen Theil der bedeutungsvollsten Hilfskräfte, sie schützen ferner ihr Handwerk durch dessen Stärkung gegen das übermächtige Vordrängen der Konkurrenz.

Wer sich nicht vom Gemeingeist allein leiten lassen will, nun der denke hieran!

Hier mag ein Jeder selbst seinen Befähigungsnachweis erbringen! Hier mag ein Jeder zeigen, daß er weiß, wo die Schäden im deutschen Handwerk liegen, wie denselben abzuhelfen ist! — Und wer an Innung uud Befähigungsnachweis glaubt, hier kann er doch mitarbeiten, denn möchten wir auch Beides erhalten, die Rohstoffgenossenschaft behält ihre gleiche wirthschaftliche Bedeutung.

Nun stellen die Gegner der Rohstoffgenossenschaft deren Leitung, Verwaltung und Buchführung als überaus schwierig dar! Aber man frage doch hiernach bei jenen einfachen Handwerkern an, welche ihre Rohstoffgenossenschaft gegründet haben und verwalten — man wird hören, daß alle die Schwierigkeiten nur in der Einbildung bestehen, und ganz besonders bei den heutigen reichen Hilfsquellen. Wohl! vor 40 Jahren, als es noch kein Genossenschaftsgesetz gab, keine Erfahrungen vorlagen, das Statut mühsam entworfen werden mußte — da galt es noch Schwierigkeiten zu überwinden. Heute sind dieselben verschwunden. Es bedarf nur der Liebe zur Sache, zu seinem Handwerk, des Vertrauens zur eigenen Kraft, etwas Gemeingeist und Opferwilligkeit, nebst gesundem Menschenverstande — und das Ziel ist zu erreichen. Oder sollte irgendwo ein intelligenter Handwerker leben, der sich nicht das Gleiche zutraut, was seine Kollegen an anderen Orten gekonnt? Man werfe auch nicht ein, daß die Verhältnisse an diesen Orten besser lagen. Wo Mißstände beim Einkauf vorhanden sind, wo das Gewerbe auch nur einige intelligente Handwerker aufweist, da ist der Boden für die Rohstoffgenossenschaft. Wurden die Handwerker in hundert und mehr Rohstoffgenossenschaften mit der Leitung und Buchführung fertig, so werden die übrigen es gewiß auch können.

Vor dem Genossenschaftsgesetz von 1889 hieß es, die Handwerker wollten sich zur Gründung einer Rohstoffgenossenschaft, zum Beitritt zu bestehenden nicht verstehen wegen der mit der Mitgliedschaft verbundenen unbeschränkten Haftpflicht. Auch dieser Einwand ist hinfällig geworden, nachdem nun das

Gesetz die Bildung von Genossenschaften mit beschränkter Haftpflicht zuläßt.

Das schwerste uns bekannt gewordene Hinderniß für die Gründung von Rohstoffgenossenschaften beruht in der wirthschaftlichen Abhängigkeit, in welcher sich ein großer Theil der Handwerker befindet; sie sind an bestimmte Lieferanten gebunden, sie haben bei denselben Schulden gemacht und können von ihnen nicht los! Da liegt u. E. der ganze Schwerpunkt. Hier muß angesetzt werden und da winkt unseren Kreditgenossenschaften eine Aufgabe von großer sozialpolitischer Bedeutung. Viele Handwerker sind allerdings auf diesem verhängnißvollen Wege in ihr Verderben gestürzt, ihnen ist nicht mehr zu helfen, doch viele sind noch zu retten, und da mag die Verwaltung der Kreditgenossenschaft ein offenes Auge haben und zeigen, daß sie der sozialen Aufgabe ihrer Genossenschaft gewachsen ist. Wie das zu geschehen hat, dafür läßt sich keine Anweisung geben, es ist von Fall zu Fall zu entscheiden, lokale und persönliche Verhältnisse sind dabei von entscheidender Bedeutung.

So lange wir hier nicht freie Bahn schaffen, so lange der Handwerker nicht in der Lage ist, da zu kaufen, wo er es für sich am zweckmäßigsten hält, wird die Ausbreitung der Rohstoffgenossenschaften außerordentlich schwierig sein. Wir haben es dabei mit einer Macht zu thun, die das ganze Gewerbe fesselt. Ein Beispiel für viele mag dies beweisen. In einer der leistungsfähigsten Innungen Berlins hatte man den Gedanken aufgenommen, eine Rohstoffgenossenschaft zu gründen. Das Statut war festgesetzt und von 50 Personen unterschrieben — das Zustandekommen der Genossenschaft schien gesichert, man wollte nur noch einige Zeit mit der Eintragung in das Genossenschaftsregister warten, um vorher noch weitere Mitglieder zu gewinnen. Sogar Beiträge auf Geschäftsantheil waren schon gezahlt. Inzwischen waren aber auch jene kleinen Händler, die fürchteten, durch die Rohstoffgenossenschaft geschädigt zu werden, nicht müßig, sie verbreiteten das Gerücht, daß diese Genossenschaft nur den Vortheilen einiger weniger Personen dienen sollte; sie ließen vor Allem durchblicken, daß man viele Mitglieder der Innung durch gewährten Kredit in der Hand habe. Und nun wurde von einem Mitgliede des Vorstandes der Innung in der Innungsversammlung gewarnt, die Genossenschaft zu gründen, der betreffende Herr erklärte, daß diese Genossenschaft die Händler schädigen würde und damit indirekt die Mitglieder der Innung selbst, welche auf den Kredit jener Händler angewiesen seien! Das wirkte. Das Statut wurde wieder aufgehoben und — die Handwerker können beruhigt weiter den Kredit in Anspruch nehmen! Nebenbei sei übrigens bemerkt, daß das Statut jener geplanter Rohstoffgenossenschaft ausdrücklich die Abgabe von Waaren auf Kredit vorsah.

Das sind die wahren Schwierigkeiten, mit denen bei der Gründung von Rohstoffgenossenschaften zu kämpfen ist.

Zu den wichtigsten Fragen für die entstehende Rohstoffgenossenschaft gehört die der Geldbeschaffung. Das Geld muß aufgebracht werden durch die Mitglieder und durch den Kredit. Die Mitglieder haben Einzahlungen auf Geschäftsantheil zu leisten und man wird hier zweckmäßigerweise geringe Ansprüche stellen, um möglichst allen Handwerkern den Zutritt zu ermöglichen.

Der Kredit beruht auf der Genossenschaft selbst und bei richtiger Organisation fehlt er ihr nicht, sind doch, wie die Erfahrung lehrt, Kreditgenossenschaften unter weit schwierigeren Verhältnissen und mit größeren Ansprüchen gegründet.

Einen Grundsatz muß man nur überall mit Strenge befolgen: nicht zu groß anfangen, denn andernfalls begeht man einen verhängnißvollen Fehler. Die Genossenschaft muß klein, mit den einfachsten Einrichtungen, den geringsten Unkosten anfangen, dann ist ihr Bestand gesichert, dann ist auch das Kreditbedürfniß leicht zu befriedigen.

Zu weit würde es uns führen, die gesammte Organisation hier näher darzulegen, wir müssen uns auf die gelegentlich eingestreuten Bemerkungen beschränken. Alle, die sich dafür interessiren, haben in dem Allgemeinen Verbande der deutschen Erwerbs- und Wirthschaftsgenossenschaften eine stets bereite Auskunftsstelle.

Wir haben die verschiedenen Hindernisse und Schwierigkeiten hier so eingehend besprochen, einmal, um dieselben auf das wirkliche Maß zurückzuführen, dann aber auch, um zu zeigen, an welcher Stelle bei der Agitation für die Ausbreitung der Rohstoffgenossenschaften einzusetzen ist.

Eine der von den Gegnern am meisten benutzte Einwendungen gegen die Rohstoffgenossenschaft ist nun noch die: was soll aus dem Handelsstande werden? Unsere Ansicht ist, daß der Handelsstand als solcher davon überhaupt nicht berührt wird, der Handwerker braucht nach wie vor Rohstoffe und der Produzent wird sich auch ferner des Kaufmannes bedienen, um die Waare auf den Markt zu bringen. Die zweckmäßige und nützliche Arbeitstheilung wird auch die Rohstoffgenossenschaft nicht beseitigen. Betroffen von dieser Genossenschaft werden nur jene allerkleinsten Händler, deren größter Gewinn heute gerade in der wirthschaftlichen Schwäche ihrer Kundschaft besteht, wie oben des Näheren ausgeführt ist. Wenn derartige Existenzen verschwinden, so wird dies dem Handelsstande ganz gewiß nicht zum Nachtheil, sondern zum Vortheil gereichen. Der leistungsfähige Kaufmann aber wird sicher lieber mit der Rohstoffgenossenschaft als solcher, als mit den einzelnen Handwerkern arbeiten, nicht nur, daß er dabei eine geringere Arbeit hat, auch sein Risiko wird kleiner, denn er hat es nur mit einem sicheren Kunden zu thun, in der Regel braucht er sogar nur gegen baar zu verkaufen. Verringert sich aber das Risiko, so kann er unbeschadet seines Gewinns sich in einzelnen Fällen auch mit einem kleineren Verdienst begnügen. — — So würden die Rohstoffgenossenschaften sogar dazu beitragen, daß der Handel, von unlauteren Elementen befreit, auf eine höhere Stufe gebracht wird.

Mit den Gegnern hat die gegründete Rohstoffgenossenschaft freilich noch einige Zeit den Kampf fortzuführen, denn nun gilt es für diese, mit allen Mitteln die Genossenschaft zu Fall zu bringen. Und da ist das beliebteste Mittel, die Preise zu unterbieten, direkte Verbindung mit den Mitgliedern zu suchen, um diesen zu beweisen, daß sie außerhalb der Genossenschaft billiger als bei derselben kaufen können. Die Handwerker, die auf solche Anerbietungen eingehen, würden freilich ein sehr befangenes Urtheil haben, denn sie müssen doch einsehen, daß diese plötzlich eingetretenen billigen Preise allein durch das Bestehen der Rohstoffgenossenschaft hervorgerufen sind, daß sie den Zweck haben, die Genossenschaft zu Grunde zu richten, daß die billigen Preise mit der Genossenschaft wieder verschwinden würden, um dann desto höheren Preisen Platz zu machen. Eine Zeit lang kann dieser Kampf — Verkauf durch die Händler mit Verlust — wohl fortgeführt werden, lange werden sie es nicht aushalten. Unterliegt die Genossenschaft in diesem Kampfe, dann ist allein der mangelnde genossenschaftliche Sinn, das geringe volkswirthschaftliche Verständniß der Mitglieder daran schuld.

Freilich Neid und Mißgunst sind mächtige Triebfedern im wirthschaftlichen Leben, und im Handwerkerstande ist leider auch daran kein Mangel, sind es doch Handwerker selbst, die am meisten darüber Klage führen. Neid und Mißgunst erschweren daher die Gründung und die Erhaltung der Genossenschaft. Ueber augenblicklichen, persönlichen Vortheilen wird die Zukunft vergessen. Schwer ist es, hier Wandel zu schaffen, denn es gilt dabei, den inneren Menschen zu bessern, selbst da wird auch schließlich das Verfolgen der persönlichen Vortheile der guten Sache zum Siege verhelfen, da der Handwerker endlich einsehen muß, daß, so lange Neid und Mißgunst ein geschäftliches Zusammengehen im Berufe hindern und sich die gemeinsame Thätigkeit auf Resolutionen beschränkt, den größten Vortheil daraus die Konkurrenz zieht.

Möge endlich die Zeit nicht fern sein, in der das Handwerk sich auf seine nächstliegende Aufgabe besinnt, den eigenen Betrieb dem Fabrikbetriebe konkurrenzfähig zu gestalten. Dazu sind freilich Reformen im Geschäftsbetriebe nöthig, und eine dieser Reformen mit Bezug auf den Einkauf der Rohstoffe haben wir besprochen.

Um zu den Reformen zu gelangen, bedarf es der Aufklärung und Belehrung. Und hier sollte aller Orten eingesetzt werden.

Der Initiative Einzelner bedarf es, um eine neue Einrichtung ins Leben zu rufen — damit aber darf nicht gewartet werden, bis das deutsche Handwerk so weit gesunken ist, daß auch das geistige Niveau ein niedriges geworden und alle Thatkraft erstorben ist.

Heute mangelt es noch an keinem Orte an Persönlichkeiten, die genug Ansehen und Vertrauen genießen, um die Handwerker auf den hier bezeichneten Weg zu führen. Freilich darf ein mißlungener Versuch nach dieser Richtung nicht von weiteren Versuchen abschrecken, der Gedanke, daß es sich bei der Gewinnung der Handwerker für die Genossenschaften um eine Existenzfrage für dieselben handelt, muß jeden zur Ausdauer zwingen, der dies einmal als richtig erkannt hat.

Ein Stück praktischer Sozialpolitik liegt da vor uns, für dessen Durchführung wir keine Gesetze, keine Aenderung der Wirthschaftsordnung, keine Opfer, keine engelgleichen Menschen brauchen, sondern nur Vertrauen zur eigenen Kraft und einen Gemeingeist, der sich auch in Thaten äußert.

Die genossenschaftliche Organisation ist für das Handwerk eine Existenzfrage.

Druck von Leonhard Simion in Berlin SW.